Iniciação
à Vida Cristã

Catequese familiar do batismo

Núcleo de Catequese Paulinas – Nucap

Iniciação à Vida Cristã

Catequese familiar do batismo

Dados Internacionais de Catalogação na Publicação (CIP)
(Câmara Brasileira do Livro, SP, Brasil)

Iniciação à vida cristã : catequese familiar do batismo / Núcleo de Catequese Paulinas - NUCAP. – São Paulo : Paulinas, 2016. – (Coleção água e espírito)

ISBN 978-85-356-4235-3

1. Batismo 2. Catequese - Igreja Católica - Ensino bíblico 3. Catequese familiar 4. Catequistas - Educação 5. Crisma 6. Sacramento - Igreja Católica 7. Vida cristã I. Núcleo de Catequese Paulinas - NUCAP. II. Série.

16-07888 CDD-268.3

Índice para catálogo sistemático:
1. Catequistas : Formação bíblica : Educação religiosa : Cristianismo   268.3

Direção-geral: *Bernadete Boff*
Editores responsáveis: *Vera Ivanise Bombonatto e Antonio Francisco Lelo*
Copidesque: *Monica Elaine G. S. da Costa*
Coordenação de revisão: *Marina Mendonça*
Revisão: *Ana Cecilia Mari*
Gerente de produção: *Felício Calegaro Neto*
Capa e editoração eletrônica: *Manuel Rebelato Miramontes*

Nenhuma parte desta obra poderá ser reproduzida ou transmitida por qualquer forma e/ou quaisquer meios (eletrônico ou mecânico, incluindo fotocópia e gravação) ou arquivada em qualquer sistema ou banco de dados sem permissão escrita da Editora. Direitos reservados.

1ª edição – 2016
1ª reimpressão – 2018

Paulinas
Rua Dona Inácia Uchoa, 62
04110-020 – São Paulo – SP (Brasil)
Tel.: (11) 2125-3500
http://www.paulinas.com.br – editora@paulinas.com.br
Telemarketing e SAC: 0800-7010081
© Pia Sociedade Filhas de São Paulo – São Paulo, 2016

O Evangelho é a força salvadora de Deus
para todo aquele que crê
(Romanos 1,16).

Sumário

Introdução 9

Recado da Roberta para o catequista 13

1. Jesus Cristo é nosso Salvador 17

2. Nós somos a Igreja 24

3. Crescer na graça batismal 33

4. A celebração do Batismo 41

Introdução

Durante a gravidez, os pais, e de modo especial a mãe, experimentam a vida como sagrada. Deus é sentido na gestação e no parto como doador da vida. O nascimento da criança aumenta ainda mais a gratidão e a alegria da família. Tudo aquilo que a família tem é posto a serviço do bebê. E como não lhe oferecer, logo no início, o dom da fé? Vamos apresentar a Deus o que vem dele. O Batismo é o reconhecimento de que a criança foi dada por Deus, pertence a ele e só Deus pode cuidar dela, agora e sempre.

Se fomos criados por Deus e, nas origens, nos rebelamos contra ele pelo pecado do orgulho, agora, o Batismo nos coloca novamente na órbita divina. O Pai, na sua misericórdia, enviou-nos o seu Filho para nos salvar do mal causado pelo pecado. Jesus morre na cruz e o Pai o ressuscita. Dessa forma, Jesus abre um novo caminho para a humanidade. Todos somos chamados a esse mesmo caminho. Pelo Batismo, de simples criaturas passamos à condição de filhos de Deus, porque Jesus nos concede o seu Espírito. Por isso, os Santos Padres do início da Igreja comparavam o útero da mãe com a fonte batismal que gera os novos filhos de Deus.

Inicialmente, a criança depende integralmente do cuidado dos pais. Com o passar do tempo, tal cuidado vai diminuindo, pois o objetivo da educação é justamente desenvolver sua autonomia. Já a nossa fé seguirá o caminho inverso; ela se destina a crescer e a ser sempre o nosso maior apoio. A fé do Batismo, tal como uma semente deixada no coração, ao ser cultivada, acompanhará a pessoa pela vida afora e completará seus dias de sentido, principalmente, na passagem final. Se o apoio e presença dos pais tendem a diminuir e a desaparecer, será a fé batismal que permanecerá.

Decididamente, o Batismo não é um rito de boas-vindas a este mundo. É o início de uma amizade duradoura que não se rompe com a dureza da vida, e o bálsamo que nos ensina a amar e a seguir adiante, ajudando a viver sempre mais o Reino de Deus. Compreendemos que não basta somente batizar a criança com mil e um cuidados. O mais importante é que ela viva a graça do seu Batismo. Assim como a família educa a criança durante o seu desenvolvimento, igualmente a educará para que sua fé seja significativa ao longo de sua vida.

Os pais e responsáveis tenham em conta que a iniciação à vida cristã é um processo que comporta, além do Batismo, os sacramentos da Confirmação e da Eucaristia e a devida catequese de encontro, conversão e seguimento do Senhor Jesus, até o cristão sentir-se um verdadeiro discípulo, íntimo do Mestre. A Palavra do Senhor ouvida e refletida na catequese converte e educa nosso coração para, de fato, o encontrarmos junto daqueles que já o seguem na comunidade.

Os gestos finais da celebração do Batismo indicam que o processo continua: "faz-se uma procissão até o altar, levando acesas as velas dos neófitos e [...] todos rezam o Pai-Nosso e recebem a bênção final" (*Ritual do Batismo de Crianças*, n. 89). O Batismo se realizará plenamente quando a pessoa, convertida pela escuta da Palavra, fortalecida pelo Espírito, aprender a oferecer sua vida em comunhão com o corpo e o sangue de Cristo, a fazer o bem e a se doar em benefício da comunidade.

Os encontros deste subsídio se situam numa paróquia que faz a escolha de promover a catequese batismal em família, contemplando ou não o encontro conjunto com os pais e padrinhos antes da celebração. A família inscreverá a criança e ficará aguardando a visita dos catequistas em casa. A presença missionária dos catequistas mostra o real esforço da comunidade cristã de ir pessoalmente ao encontro de seus filhos para animá-los a viver a alegria do Evangelho. Ali, mais do que compartilhar a ciência da fé, o importante é estabelecer amizade e testemunhar a fé entre pessoas que creem e buscam o Senhor.

Se possível, os padrinhos participem dos encontros juntamente com os pais da criança, sobretudo porque o diálogo fortalecerá as convicções de fé e orientará as atitudes concretas para a boa educação da criança. Também será muito proveitosa a presença de amigos e familiares que queiram compartilhar esses encontros de fé e oração pela criança.

Os quatro encontros visam animar a conversa familiar sobre: *Jesus Cristo é nosso Salvador; Nós somos a Igreja; Crescer na graça batismal;* e *A celebração do Batismo.* Eles começam com uma oração e se concluem com uma celebração; invariavelmente, contam com a participação de todos no grupo.

Recado da Roberta para o catequista

Quando vamos a uma casa para conversar e rezar sobre o Batismo, penso que, independente de uma família querer o Batismo somente por tradição, ou não participar mais da missa e da vida da comunidade, quando a família abre a porta para um casal que muitas vezes nem conhece, está buscando algo. Isto já é sinal da graça de Deus e, como catequistas, temos que aproveitar a oportunidade de anunciar Jesus Cristo na gratuidade, sem esperar nada em troca.

Encontramos famílias estruturadas, que acolhem a Palavra de Deus, participam da missa dominical, mas que não cresceram na fé, não se envolvem na comunidade, nunca encontram tempo. Então vamos desistir? Não, devemos continuar anunciando.

Encontramos famílias que não leem a Bíblia, não participam da missa e nem sabem por que, simplesmente não veem a ligação entre participar e perceber Deus em suas vidas.

Encontramos famílias desestruturadas, que têm problemas com drogas, alcoolismo, acham-se perdidas no meio do caminho, não sabem por onde seguir. E nós, como catequistas, que devemos fazer? Deixar para lá? Não, vamos ajudar essas famílias, orientando a procurar grupos de apoio, ou, então, vamos ouvi-las simplesmente, mostrar uma luz no fim do túnel, alimentar a esperança de continuar na caminhada. Sempre pensando: como Jesus agiria nesta situação? Se não mostrarmos interesse ou não ouvirmos as pessoas, estaremos simplesmente passando conhecimento, anunciando um Jesus vazio que não experimentamos, não conhecemos e nem ouvimos sua voz.

Encontramos pessoas que querem saber por que saímos da nossa casa, sem ganhar nada, querem entender muitas vezes por que participamos de uma Igreja na qual não se sentem acolhidos, que faz muitas leis, e não deixa as pessoas que moram juntas comungar. Eu vejo aí uma oportunidade de falar que a Igreja não é feita de tijolos e sim de pessoas, que só podemos mudar e transformar quando participamos, quando lutamos por justiça, pelos direitos como Jesus Cristo nos pede.

Encontramos famílias que não compartilham da mesma religião, que só o pai ou só a mãe quer batizar a criança. E o que fazer diante de tantas diversidades e tantas realidades?

Vamos acolher essas famílias com compreensão e no contexto de suas realidades, sem julgamento para, ao mesmo tempo, mostrar-lhes a importância do sacramento e o compromisso da vivência da fé. Por isso é preciso que o catequista tenha conhecimento e convicção de sua fé para dizer o que a Igreja ensina e não o que cada um pensa. A formação do catequista, sua vida de oração, o conhecimento da doutrina e a vivência da fé são fundamentais para uma boa catequese.

Catequizar nas casas vem transformando minha vida, porque é uma oportunidade de anunciar Jesus Cristo, de mostrar como a nossa Igreja acolhe e ama a cada um de nós, é uma experiência única, porque em cada casa que entramos percebemos a alegria, o desejo de querer saber mais. Muitos esperam que chegamos lá só para ensinar e lhes cabe só ouvir, e aí propomos que estamos lá para conversar sobre a Palavra, trocar experiências, como uma via de mão dupla, que aprendemos uns com os outros e ninguém sabe tudo.

Em muitas casas ensinamos como folhear a Bíblia, o que é capítulo, versículo, encaminhamos pessoas para a catequese com adultos, para o matrimônio religioso.

Quantos testemunhos de vida em comunidade, quantas experiências de pessoas que compartilham suas histórias, confiam em nós, sem reservas. Esta é a oportunidade de nos transformarmos em pessoas melhores.

Não tenham medo de anunciar Jesus Cristo e de que essas famílias também o anunciem para nós, sempre pensando no livre-arbítrio, sem pretensão de que todos irão acolher ou participar da comunidade.

"Seduziste-me, Senhor, e me deixei seduzir" (Jeremias 20,7). Façamos nosso trabalho na gratuidade porque somos batizados e catequistas por vocação, porque conhecemos Jesus Cristo e temos consciência desse amor e devemos anunciá-lo a todos.

Por isso vale a pena sair da nossa casa e anunciar o amor de Jesus Cristo, sem esperar nada em troca.

> O Núcleo de Catequese Paulinas – NUCAP agradece a Roberta por suas dicas neste trabalho. Ela e seu marido Evandro são os catequistas da capa que atuam nesta pastoral na Paróquia Sagrado Coração de Jesus em Louveira – Diocese de Jundiaí (SP).

Siglas

D – Dirigente.

L – Leitor.

T – Todos.

1º encontro

Jesus Cristo é nosso Salvador

PREPARANDO O AMBIENTE

A família prepara um pequeno altar em casa, com vela acesa, Bíblia, um copo com água benta, um ramo verde e, se possível, uma imagem de Nossa Senhora ou do santo de devoção da casa.

É importante que o catequista providencie junto à família uma Bíblia atualizada, com texto acessível.

ORAÇÃO

D: *Em Nome do Pai, e do Filho e do Espírito Santo.*

Deus seja bendito nesta casa! Paz da parte de Deus e bênçãos para toda a família! Que o Espírito Santo ilumine nosso pensar e a nossa maneira de ver as coisas!

T: A misericórdia de Deus seja nossa força! Confiamos no Pai, no Filho e no Espírito Santo, hoje e sempre.

D: *Saudemos a Santa Mãe de Deus.*

T: Debaixo de vossa proteção nos refugiamos, ó Santa Mãe de Deus. Não desprezeis as nossas súplicas em nossas necessidades, mas livrai-nos sempre de todos os perigos. Ó Virgem gloriosa e bendita.

D: *Nossa Senhora Aparecida.*

T: Rogai por nós!

Jesus Cristo é nosso Salvador

D: *O objetivo de nossa visita, em nome de nossa paróquia, é agradecer ao Pai por nos ter salvo em seu Filho, proclamar nossa fé em Cristo e na força do Espírito Santo. Essa é a maior proclamação de fé que fazemos no Batismo desta criança.*

L1: *O nascimento de uma criança significa que Deus visitou esta casa e abençoou o amor de vocês, confiando-lhes uma vida nova. Vamos acolher o mistério da vida à luz do plano de Deus. Ele nos criou à sua imagem e semelhança como homem e mulher, em condição de igualdade.*

L2: *Deus nos criou com liberdade para aceitarmos ou não o seu amor. Nossos primeiros pais se rebelaram contra o Criador. Ao ouvir a voz do tentador e querer fazer-se igual a Deus, o ser humano rompeu a relação de harmonia entre o Criador e a criatura. Pelo seu orgulho perdeu a semelhança com Deus. Dessa forma, entram no mundo a violência, a injustiça, a corrupção e a morte.*

T: "O pecado entrou no mundo por um só homem e, por meio do pecado, a morte. A morte passou para todos os homens, porque todos pecaram" (Romanos 5,12).

L1: *Mas Deus não se arrependeu de nos ter criado e continuou o diálogo de salvação com a humanidade. O Senhor estabeleceu uma aliança com o povo: "Eu serei o vosso Deus e vós sereis o meu povo", que foi renovada com Abraão, Moisés, reis e profetas. Essa aliança, tantas vezes rompida pelo povo e seus dirigentes, levou os profetas a anunciarem uma aliança mais perfeita selada pelo Messias. Eles profetizaram a vinda do Messias Salvador que viria para reconduzir o povo à salvação!*

T: O Filho de Deus se fez um de nós! Jesus inaugurou o Reino de Deus e nos salvou do pecado, morrendo na cruz.

L2: *Com a chegada de Jesus, o tempo se completa, atinge sua plenitude. Nada é mais importante do que ele. Jesus instaura seu Reino. Aqueles que o seguem vivem neste mundo, mas são cidadãos do Reino. O Reino é uma forma de viver seguindo os critérios de Jesus. O Reino acontece onde o ser humano pratica a solidariedade, a justiça, o respeito aos direitos dos outros e ama sem interesse de recompensas.*

T: Sem vós, ó Deus de ternura e compaixão, somos devorados pela violência e pelo ódio.

L1: *Jesus deixou de lado tudo o que o mundo mais preza: a fama, o poder e a riqueza (cf. Lucas 4,1-13). Nasceu na pobreza de uma manjedoura, seus pais eram trabalhadores pobres, vivia numa cidade do interior, não ocupou nenhuma posição social de prestígio. Considerava-se servo, veio com a missão de servir, de curar, de consolar e de perdoar. Esse modo de ser e de agir é bem diferente daquele que o mundo propõe.*

T: Jesus, tende misericórdia de nós, que somos pecadores!

L2: *Todo anúncio de Jesus consiste em levar as pessoas a não somente olharem para si mesmas, mas a perceberem o outro e suas necessidades. Por isso, Jesus diz: tive fome, estive doente, com sede e nu, e você cuidou de mim (cf. Mateus 25,35).*

T: Jesus, tende misericórdia de nós, que somos pecadores!

L1: *São Paulo afirma: "todos pecaram e estão privados da glória de Deus. E só podem ser justificados gratuitamente, pela graça de Deus, em virtude da redenção no Cristo Jesus. É ele que Deus destinou a ser, por seu próprio sangue, instrumento de expiação mediante a fé" (Romanos 3,23-25).*

T: Pelo amor de Cristo levado às últimas consequências, somos vitoriosos.

L2: *Leitura da Carta de São Paulo aos Romanos 5,15.18-19 – A justiça de um só trouxe para todos a justificação que dá a vida.*

[Concluir a leitura dizendo: "Palavra do Senhor".]

T: Graças a Deus.

L1: *Tendo presente esse diálogo de salvação entre Deus e a humanidade, fica fácil entender por que temos que ser batizados. Devemos passar do plano da criação, que foi marcado pelo pecado, para o da redenção, pois Jesus inaugurou o Reino e deu a sua vida por amor.*

T: "Quem não nascer da água e do Espírito não poderá entrar no Reino de Deus" (João 3,5).

L2: *Os bispos nos mostram a importância do Batismo: "Os pais, desde muito cedo, proporcionam o Batismo às suas crianças, o banho do novo nascimento pelo qual, de simples criatura, a criança passa a ser filho de Deus, de simples membro da família humana, passa a ser membro vivo da família de Deus, a Igreja" (CNBB, Batismo de crianças, n. 38).*

[O dirigente pede aos participantes que repitam as frases que mais lhes chamaram a atenção.]

PARTILHA

D: *Ao anunciar a chegada do Reino, Jesus diz: "Convertei-vos e crede no Evangelho" (Marcos 1,15). Diante da pessoa de Jesus e do anúncio vigoroso de seu Evangelho como Boa-Nova para nossa vida, caberá convertermo-nos sempre mais para ele. É hora de ver o quanto lhe fazemos caso. Até que ponto sua mensagem ecoa e faz sentido em nossas decisões. Se ele é somente um amigo, do tipo pronto-socorro para as horas de aperto, ou se estamos crescendo na gratuidade de seu amor exigente, mas não menos verdadeiro e autêntico.*

[Propor que alguém do grupo conte uma experiência significativa de fé em sua vida, na qual sentiu a mão de Deus sobre si. Pode ser a cura inesperada de uma doença, ou uma situação muito difícil em que foi surpreendido por uma força superior.]

D: *Ao longo de nossa vida, como percebemos os gestos de amor de Deus? Ele também fez aliança conosco?*

D: *Como é o Reino que Jesus inaugurou?*

D: *Por que é importante ser batizado?*

Bênção da casa

D: *Em nome do Pai... A graça e a paz de Deus, nosso Pai, e de Jesus Cristo, nosso Senhor, e a força do Espírito Santo estejam convosco.*

T: **Bendito seja Deus, que nos reuniu no amor de Cristo.**

D: *Irmãos e irmãs, esta família recebe a graça de Cristo e uma vida nova junto a esta criança que chegou. Invocamos nesta celebração a bênção do Senhor, para que seus membros sejam sempre, entre si, colaboradores da graça e mensageiros da fé nas diversas circunstâncias da vida.*

T: **Senhor, guardai nossa família na vossa paz.**

D: *Supliquemos humildemente ao Cristo Senhor, Palavra eterna do Pai que, enquanto esteve entre nós, se dignou viver em família e cumulá-la de bênçãos celestes, para que olhe com bondade por esta família, e digamos:*

T: **Senhor, guardai nossa família na vossa paz.**

D: *Vós que, sendo obediente a Maria e a José, consagrastes a vida familiar, santificai esta família com a vossa presença.*

D: *Tivestes zelo pelas coisas do Pai; fazei que em toda família Deus seja servido e honrado.*

D: *Apresentastes a vossa sagrada família como admirável exemplo de oração, de amor e obediência à vontade do Pai; santificai com vossa graça esta família e dignai-vos abençoá-la com os vossos dons.*

D: *Amastes os vossos pais e fostes por eles amado; consolidai todas as famílias na paz e na caridade.*

D: *Por esta casa agora abençoada, para que a bênção de Deus permaneça sempre sobre todos aqueles que habitam debaixo deste teto e os faça viver segundo o Evangelho, rezemos ao Senhor.*

D: *Por todos aqueles que lutam por uma casa, para que encontrem apoio na generosidade dos irmãos na fé e na assistência dos governantes, rezemos ao Senhor.*

D: *Senhor Jesus Cristo, fazei entrar nesta casa, com nossa humilde visita, a felicidade sem fim, a alegria serena, a caridade benfazeja, a saúde duradoura. Retirem-se daqui os espíritos maus e venham aqui morar os anjos portadores da paz. Desapareça desta casa toda discórdia. Senhor, manifestai em nós o poder do vosso santo Nome, e abençoai esta casa. Vós, que sois Deus, com o Pai, na unidade do Espírito Santo. Amém.*

[O dirigente asperge a família e a casa com água benta.]

D: *Rezemos juntos ao Pai, como nosso irmão Jesus nos ensinou. Pai nosso...*

D: *Invoquemos também a proteção de Nossa Senhora. Ave, Maria...*

D: *Bendito sejais, Deus nosso Pai, por esta casa que concedeis para habitação desta família. Que a vossa bênção permaneça sobre ela. Que o vosso Espírito Santo penetre os corações e as vidas de seus moradores, fazendo-os arder em amor por vós e pelo próximo. Todos que por aqui passar encontrem sempre um bom acolhimento e sejam recebidos como mensageiros de Cristo, nosso irmão. Ele, que vive e reina convosco, na unidade do Espírito Santo. Amém.*

D: *Abençoe-nos o Deus todo-poderoso, Pai...*

GESTO CONCRETO

O catequista apresenta o livro dos Salmos para a família como orações a serem rezadas no cotidiano, pois elas revelam a alma do povo de Deus nas horas difíceis e de alegria. Os Salmos são orações de arrependimento do pecado, de proteção do inimigo, de louvor e ação de graças, de pedido de cura... Combine a oração de alguns deles durante a semana.

2º encontro

Nós somos a Igreja

PREPARANDO O AMBIENTE

A família prepara o altar como no encontro anterior, com pão numa bandeja para ser partilhado. O catequista poderá providenciar o jornal paroquial, fotos ou recordações de pessoas, padres ou acontecimentos da paróquia, com a finalidade de apresentar e fazer memória da paróquia.

ORAÇÃO

Salmo 5 – O *Senhor abençoa o justo*.
[Em dois coros.]

T: Abençoas o justo, ó Senhor; tua bondade o cobre como um escudo.

L1: *Escuta, Senhor, as minhas palavras, atende meu clamor; fica atento à voz da minha prece, meu Rei e meu Deus.*

L2: *Pois a ti suplico, Senhor, já de manhã ouves a minha voz, bem cedo te invoco e fico esperando.*

L1: *Pois não és um Deus que gosta da maldade; o mau não encontra em ti acolhida; os insolentes não aguentam ficar na tua presença.*

L2: *Odeias todos os que fazem o mal, destróis os que falam mentira. O Senhor abomina quem derrama sangue ou comete fraude.*

L1: *Eu, porém, confiado na tua grande piedade, entro em tua casa, prostro-me diante do teu santo templo no teu temor.*

L2: *Senhor, guia-me na tua justiça, por causa dos meus inimigos aplana à minha frente teu caminho.*

L1: *Pois não existe na boca deles sinceridade, seu coração é perverso, sua garganta é um sepulcro aberto, usam a língua para adular.*

L2: *Castiga-os, ó Deus! Que fracassem seus planos, em razão de seus muitos crimes rejeita-os, já que se revoltam contra ti.*

L1: *Mas que se alegrem todos os que em ti se refugiam, exultem para sempre; tu os proteges e em ti se rejubilem os que amam o teu nome.*

L2: *Pois abençoas o justo, ó Senhor, tua bondade o cobre como um escudo.*

L1: *Glória ao Pai, e ao Filho e ao Espírito Santo.*

L2: *Como era no princípio, agora e sempre. Amém.*

T: Abençoas o justo, ó Senhor; tua bondade o cobre como um escudo.

Nós somos a Igreja

D: *Jesus reuniu um grupo de apóstolos e discípulos que, depois de sua partida e impulsionados pelo Espírito Santo, levaram adiante o anúncio do Reino. A Igreja é o encontro daqueles que creem em seu nome e, animados por seu Espírito Santo, continuam sua missão no mundo. O Batismo nos faz participar desta missão.*

T: "Vem e segue-me", diz o Senhor. Sim, nós queremos te seguir, Senhor!

L1: *A Igreja não é só templo de pedra. Verdadeiramente, Cristo é o novo templo em que reluz a glória de Deus. Pelo Batismo fomos incorporados em Cristo. Ele é a nossa cabeça e nós, os seus membros. Portanto, somos as pedras vivas que formam esse templo (cf. 1 Pedro 2,4-5). Assim, quando nos referimos à Igreja, muitos imaginam logo o edifício, e não a comunidade de batizados que se reúne para fazer memória do Senhor e viver a vida nova no Reino de Cristo.*

T: Pelo Batismo, o Espírito Santo habita em nosso peito. Por isso somos casa de Deus, e as boas obras que realizamos são o verdadeiro culto que prestamos a Deus no altar de nosso coração.

L2: *O Batismo nos torna membros do corpo de Cristo. "Como o corpo é um, embora tenha muitos membros, e como todos os membros do corpo, embora sejam muitos, formam um só corpo, assim também acontece com Cristo. De fato, todos nós, judeus ou gregos, escravos ou livres, fomos batizados num só Espírito, para formarmos um só corpo" (1 Coríntios 12,12-13).*

T: Pelo Batismo adquirimos a mesma dignidade. Ninguém é mais do que o outro. Todos somos filhos do Pai e irmãos de Jesus Cristo e morada do Espírito Santo.

L1: *A Igreja é casa e família para todos: "Vinde a mim todos vós que estais cansados sob o peso do fardo, e eu vos darei descanso" (Mateus 11,28). Temos fé não para que Deus satisfaça nossas vontades, ou porque somos capazes de insistir tanto que alcançamos tudo o que queremos. Nossa maior alegria é sermos amigos íntimos de Deus e acolhermos a vitória da ressurreição em nossas vidas. Nada se compara à grandeza de sermos salvos em Cristo e alcançarmos a plenitude da vida eterna.*

T: Assim como Jesus, queremos fazer a tua vontade, ó Pai, mesmo que as coisas não aconteçam como queremos.

L2: *A Igreja é casa que acolhe, onde encontramos um lugar de oração e encontro com Deus. Ela é muito mais do que aparece* *externamente. Ali a graça de Deus se manifesta em plenitude. O que enxergamos com os olhos indica a grandeza da graça que vem ao nosso coração. Não estamos ali unicamente por obrigação ou dever; muito mais que isso. Ali o Senhor se revela e se comunica com cada um. A comunidade reunida já é sacramento da presença do Senhor em nosso meio.*

T: A Igreja somos nós: "Onde dois ou três estiverem reunidos em meu nome, eu estou ali, no meio deles" (Mateus 18,20).

L1: *Deus fez brilhar a glória de sua divindade no meio de seu povo. Mais do que nos escandalizarmos com nossos pecados na comunidade de fé, fiquemos atentos ao mistério de graça, de reconciliação e de amor que o Pai derrama por seu Espírito, que ultrapassa grandemente os limites de toda comunidade. Somos pecadores alcançados pela salvação de Cristo, mas ainda em via de santificação.*

T: Senhor, tende piedade de nós, que somos pecadores. Ficai conosco, Senhor.

L2: *Formamos o povo de Deus, a Igreja (reunião dos que creem), e caminhamos para a casa do Pai. Não somos um povo errante, mas peregrino, amado e conduzido pelo Pai. Por isso, nós nos reunimos como comunidade de fé, unidos pelo vínculo do Batismo que produz uma só fé, um só Espírito.*

T: Somos o vosso povo, formamos a vossa família.

L1: *Leitura do livro dos Atos dos Apóstolos 2,42-47 – Todos os fiéis tinham o mesmo propósito e possuíam tudo em comum.*

[Concluir a leitura dizendo: "Palavra do Senhor".]

T: Graças a Deus.

L2: *Este é o retrato das primeiras comunidades cristãs: vida partilhada, oração comum, fidelidade ao ensinamento dos apóstolos e a Eucaristia que os reunia para fazer memória do Senhor. Havia simplicidade de vida e muita fé em Cristo.*

T: Senhor, ensina-nos a viver em comunidade.

L1: *Cada domingo será o dia do encontro da família com o Senhor, no qual reconhecemos que tudo vem dele e tem sentido nele. No dia do Senhor celebramos a Páscoa semanal para que cada vez mais nos aproximemos de sua ressurreição até a Páscoa final e definitiva. O batizado faz parte da Igreja com direitos e deveres, de uma família de fé que se reúne semanalmente, no dia da ressurreição de Jesus.*

T: Eu tenho fé, eu creio, Senhor, na vossa Palavra e que estais presente e vivo na Eucaristia.

[O dirigente pede aos participantes que repitam as frases que mais lhes chamaram a atenção.]

Partilha

D: *Vejamos o exemplo de D. Emília da comunidade São João Batista, situada no Jardim Nordeste, na zona leste paulistana. Seu testemunho de fé estimulou muitos daquela comunidade. Eles a admiravam porque, bem no início, quando a comunidade era apenas um grupo de rua que se reunia para as novenas e, de vez em quando, para a missa, aquela senhora mensalmente passava de porta em porta para recolher o envelope do dízimo. Com esse dinheiro e o entusiasmo de mais alguns, organizaram o conselho da comunidade, as crianças para a catequese e começaram a erguer o edifício da capela. Ela liderava o grupo e era a imagem da pessoa corajosa, vibrante pelo Evangelho e pelas celebrações litúrgicas.*

Assim, a construção do edifício do templo acompanhou o crescimento da fé do primeiro grupo da comunidade. Como D. Emília, cada comunidade tem a sua história de fé, verdadeiro testemunho da manifestação do Senhor junto de seu povo.

Todos os que trabalham na comunidade o fazem por uma consciência de fé, voluntariamente, sem recompensas financeiras. Sentem o chamado do Senhor e evangelizam porque é grande a alegria de viver seguindo o Evangelho (por exemplo, os/as catequistas que se dedicam ao anúncio explícito da Palavra, os ministros, os legionários, os vicentinos etc.).

A Igreja é mais do que aparentemente nós vemos e vai além das pessoas e do templo. O que tem de mais importante na Igreja? O que você conhece de nossa comunidade?

Jesus nos disse: "Quem quiser ser meu discípulo, tome a sua cruz a cada dia, vem e segue-me". Está correta a postura da Igreja, que promete tantas curas, libertações e milagres?

Participar da missa é só um dever? Por que participamos aos domingos da missa?

Bênção do pão

D: *Em nome do Pai... A graça e a paz de Deus, nosso Pai, e de Jesus Cristo, nosso Senhor, e a força do Espírito Santo estejam convosco.*

T: Bendito seja Deus, que nos reuniu no amor de Cristo.

D: *Quando nos reunimos em comunidade, formamos um único corpo, o Corpo de Cristo, para, unidos com ele, oferecer a nossa vida ao Pai. Jesus deu a sua vida por nós e igualmente quer que vivamos em atitude de doação e serviço ao próximo.*

L1: *Porque nem sempre valorizamos e participamos da missa, perdão, Senhor.*

T: Perdoai-nos, Senhor, e renovai nosso amor.

L2: *Porque não vivemos a união que celebramos na missa, perdão, Senhor.*

L3: *Porque não vivemos a justiça e o amor que nos ensinastes, perdão, Senhor.*

L4: *Porque rezamos pouco em nossas famílias, perdão, Senhor.*

D: *Ó Pai, cheio de ternura e compaixão, mesmo diante de nossa pouca correspondência ao vosso amor, continuais a nos amar e proteger. Enviastes o vosso Filho como nosso Salvador e nos deixastes o memorial de sua Paixão, Morte e Ressurreição. Fazei-nos compreender que ele é o único necessário para saciar nossa fome de paz e de eternidade. Por nosso Senhor Jesus Cristo, na unidade do Espírito Santo.*

T: Amém.

L1: *Leitura da Primeira Carta de São Paulo aos Coríntios 10,16-17: "O cálice da bênção, que abençoamos, não é comunhão com o sangue de Cristo? E o pão que partimos não é comunhão com o corpo de Cristo? Porque há um só pão, nós, embora muitos, somos um só corpo, pois todos participamos desse único pão". Palavra do Senhor.*

T: Graças a Deus.

D: *Assim como o pão é formado de muitos grãos, nós, embora muitos, formamos um único corpo.*

T: Senhor, dai-nos sempre deste pão! Vós quisestes ser pão para alimentar nossa caminhada e nos conservar unidos até a vida eterna.

D: *A comunhão com o corpo e o sangue de Cristo nos ensina a doar a nossa vida e a sempre fazer o bem ao próximo.*

T: Estamos em comunhão com o corpo e o sangue de Cristo quando buscamos a justiça, o bem e a convivência de irmãos.

[O dirigente tem o pão diante de si.]

D: *Pai, abençoai este pão, fruto da terra e do trabalho humano. Que este alimento nos conduza ao verdadeiro Pão da Vida eterna, que dá plenitude a nossa existência.*

[O dirigente parte o pão, o distribui e todos comem. Ao mesmo tempo, ele comenta que na Eucaristia iremos encontrar o verdadeiro Pão que tira a fome do mundo.]

D: *Apresentemos ao Pai nossos pedidos:*

L1: *Para que o sacrifício eucarístico nos anime a seguir os ensinamentos de Jesus e, assim, transformar o mundo, rezemos.*

T: **Senhor, fortalecei-nos em nossa fé.**

L2: *Cristo se tornou alimento para todos nós. Que seu exemplo possa ser esperança de uma sociedade em que não falte pão para os mais pobres, rezemos.*

L1: *Para que a nossa comunidade seja fortalecida pelo exemplo de Cristo, e que possamos dar testemunho do seu amor por toda a humanidade, rezemos.*

D: *Da mesma maneira como este Pão foi primeiro trigo plantado, multiplicando-se em grãos e depois colhido para tornar-se Pão, congregai assim, ó Pai, vossos filhos e filhas de todos os cantos da terra no vosso Reino! Isto vos pedimos, por Cristo, nosso Senhor!*

T: **Amém.**

D: *Pai nosso...*

D: *O Senhor nos abençoe e nos guarde!*

T: **Amém.**

D: *O Senhor faça brilhar sobre nós a sua face e nos seja favorável!*

T: **Amém.**

D: *O Senhor dirija para nós o seu rosto e nos dê a paz!*

T: **Amém.**

D: *Que o Senhor confirme a obra de nossas mãos, agora e para sempre!*

T: **Amém.**

D: *Abençoe-nos o Deus todo-poderoso, o Pai e o Filho e o Espírito Santo!*

T: Amém.

D: *Louvado seja nosso Senhor Jesus Cristo!*

T: Para sempre seja louvado!

Gesto concreto

Os participantes combinam, diante do que foi refletido, qual o gesto individual ou grupal que se poderia fazer. Por exemplo, participar com frequência da missa dominical.

3º encontro

Crescer na graça batismal

Preparando o ambiente

A família prepara o altar com a Bíblia, uma vela acesa e um recipiente com um pouco de azeite ou óleo.

Oração

D: *Em nome do Pai... A graça de nosso Senhor Jesus Cristo, o amor do Pai e a comunhão do Espírito Santo estejam convosco.*

T: Bendito seja Deus que nos reuniu no amor de Cristo.

D: *Somos batizados pelas três Pessoas Divinas. Estamos marcados e protegidos pelo senhorio da Família Trinitária. Não estamos sós, nem à mercê do inimigo. Agimos em comunhão de vida e de espírito com nosso Deus, que nos acolhe em família, a família dos filhos de Deus.*

T: Bendito seja o Deus do povo eleito! Bendito seja Deus!

D: *O Batismo produz uma marca, o chamado caráter, que nos configura em Cristo para sempre como filhos no Filho. Deus não volta atrás em sua Palavra. Ele nos concede o seu Espírito Santo, em força do qual dizemos: "Abbá", paizinho.*

T: Nós vos agradecemos, Pai, pelo dom do Batismo. Por ele, renascemos para uma vida nova unida a vós.

D: *Jesus, impulsionado pelo Espírito Santo, nos ensinou a invocar o Pai que nos acompanha em todas as situações de nossa vida. Pai nosso...*

Crescer na graça batismal

D: *Vamos refletir sobre a graça que nos concede o sacramento do Batismo. Este dom deseja ser acolhido por nós para produzir seus frutos. Por isso, hoje vamos conhecer seus efeitos e, na celebração litúrgica, entraremos em contato direto com a realidade de salvação que ele nos proporciona.*

L1: *Na Bíblia, dar o nome significa ter a posse sobre o que se nominou. O sinal de imergir por três vezes recorda que somos batizados em nome da Santíssima Trindade. Assim, as Três Pessoas Divinas exercem o senhorio sobre nós e não estamos à mercê de nenhuma outra entidade.*

T: Cremos em um só Deus, Pai, Filho e Espírito Santo.

L2: *O banho com água, unido à palavra da vida (cf. Efésios 5,26), lava a pessoa de toda culpa, tanto original como pessoal, e a torna "participante da natureza divina" (2 Pedro 1,4) e da "adoção de filhos" (Romanos 8,15).*

T: Ó Pai, somos nós o povo eleito, que Cristo veio reunir!

L1: *O principal efeito do Batismo é levar a quem o recebe participar da Páscoa de Cristo e ser enxertado nela. "Se nos tornamos intimamente unidos a ele pela semelhança com sua morte, também o seremos pela semelhança com sua ressurreição" (Romanos 6,5). O banho batismal nos proporciona uma morte semelhante à de Cristo e nos concede o seu Espírito, por isso nos tornamos uma coisa só com ele.*

T: Fazei de nós um só corpo e um só espírito!

L1: *No Batismo recebemos o Espírito Santo, somos morada de Deus; recebemos o Espírito de filiação, somos filhos adotivos de Deus! Esse é o nosso grande título. Não há outro maior na terra! Ali, passamos a fazer parte da Igreja, corpo místico de Cristo, do qual ele é a cabeça e nós, os membros (cf. 1 Coríntios 12,27; Efésios 1,22-23).*

T: **Fazei de nós um só corpo e um só espírito!**

L2: *O Batismo apaga o pecado original que recebemos de nossos primeiros pais, porém não nos livra de nossa inclinação para o mal. Continuamos livres para fazer o bem ou o mal, por isso a nossa vida será um desafio constante para reafirmarmos a fé batismal com nossos atos.*

T: **Senhor, tende piedade de nós, e nos ajude a ser fiéis a vós.**

L1: *Na criança, a graça batismal está pouco desenvolvida, é potencial. O Batismo não produzirá frutos até o momento em que for assumido pessoalmente. A graça precisa do consentimento e da adesão da pessoa. Estas somente acontecem com a educação da fé ao longo da vida. Somente à medida que a criança for crescendo na fé e no amor em sua relação pessoal com o Pai, irá realizar sua personalidade de filho(a) de Deus.*

T: **Caminhamos na estrada de Jesus!**

L2: *A criança também deverá ser crismada. A unção com o óleo do crisma configura o batizado mais perfeitamente a Cristo. A criança será revestida do Espírito Santo com seus dons para viver a missão de Cristo neste mundo.*

T: **Vem, Espírito Santo, vem iluminar-nos!**

L1: *A Eucaristia coroa a iniciação cristã. Depois de a criança ter sido batizada, a mãe dirige-se ao altar com ela nos braços para apresentá-la ao Senhor e rezar o Pai-Nosso. O Batismo se cumpre na Eucaristia. Em cada Eucaristia que celebramos, oferecemos nossa vida em Cristo, como oferta agradável, na medida em que vivemos para servir, assim como Cristo ofereceu sua vida para nos salvar: "Eis o meu corpo, eis o meu sangue". Assim, cumprimos o que foi prometido em nosso Batismo.*

T: Fazei de nós uma perfeita oferenda.

L2: *O Senhor esteja convosco.*

T: Ele está no meio de nós.

L2: *Proclamação do Evangelho de Jesus Cristo segundo João 3,16-21 – Deus não enviou o Filho ao mundo para julgar o mundo.*

[Concluir a leitura dizendo: "Palavra da Salvação".]

T: Glória a vós, Senhor.

D: *O sacramento do Batismo é chamado de iluminação porque nos concede a luz da fé. Cristo é a luz que nos conduz neste mundo para longe das trevas da maldade.*

T: "Eu sou a luz do mundo. Quem me segue não caminha nas trevas, mas terá a luz da vida" (João 8,12).

L1: *A imagem de Deus é a de um Pai cheio de ternura e não de um juiz severo. Deus mandou seu Filho não para julgar e condenar o mundo, mas para que o mundo seja salvo por ele. Quem crê em Jesus e o aceita como revelação de Deus, não é julgado, pois já é aceito por Deus. E quem não crê em Jesus já está julgado. Ele excluiu a si mesmo. Muitas pessoas não querem aceitar Jesus, porque a sua luz revela a maldade que nelas existe.*

T: Pelo Batismo fomos enxertados em Cristo. Queremos seguir o seu caminho por toda a nossa vida!

[O dirigente pede aos participantes que repitam as frases que mais lhes chamaram a atenção.]

Partilha

D: *É função dos pais e padrinhos assumirem a educação cristã da criança, batizada antes do uso da razão. Ao solicitar o Batismo para os filhos, pais e familiares serão os primeiros a se perguntar sobre a própria vivência de fé. Esta acontece primeiramente pela formação do reto caráter com relação aos valores que norteiam a vida cidadã.*

Na família acontece uma educação cristã mais testemunhada que ensinada, mais criadora de hábitos cristãos do que uma catequese organizada. Porém, um diálogo aberto sobre os conteúdos da fé cristã ensinada pela comunidade e sua relação com a vida familiar deverá buscar sempre a união entre a fé e a educação da criança.

Quais as consequências da afirmação: o Batismo não produzirá frutos até o momento em que for assumido pessoalmente?

Como educar na fé uma criança durante o seu desenvolvimento até a juventude?

Como a vida familiar testemunha a fé?

Ungido para a missão

D: *Em nome do Pai... A graça e a paz de Deus, nosso Pai, e de Jesus Cristo, nosso Senhor, e a força do Espírito Santo estejam convosco.*

T: Bendito seja Deus, que nos reuniu no amor de Cristo.

D: *O Senhor esteja convosco.*

T. Ele está no meio de nós.

D: *Proclamação do Evangelho de Jesus Cristo segundo Mateus 3,13-17.*

T. Glória a vós, Senhor.

D: [No final da leitura] *Palavra da Salvação.*

T. Glória a vós, Senhor.

[Colocar o azeite à vista de todos.]

L1: O *azeite, pelas suas propriedades naturais, simboliza facilmente a paz, o alimento, a suavidade, a alegria, a saúde e a força. No Antigo Testamento se empregava a unção para exprimir a força que Deus comunicava às pessoas que começavam uma missão em benefício do seu povo, como no caso do rei Davi (cf. 1 Samuel 16,13) ou do profeta Eliseu (cf. 1 Reis 19,16).*

T. Glória ao Pai que nos chama, nos consagra e nos envia em missão.

L2: O *outro nome dado a Jesus é: "Cristo", que em grego significa "Ungido", o mesmo que "Messias", em hebraico. O autêntico Ungido é Jesus de Nazaré. No seu Batismo no rio Jordão, o Pai o reconhece como seu Filho amado, ungindo-o com o Espírito Santo.*

T. Glória ao Filho amado, ungido como Messias e Senhor.

L1: *Ele recebeu a missão mais difícil, a de Messias, e, por isso, recebe a Unção do Alto, que é o Espírito de Deus: "Deus ungiu com o Espírito Santo e com o poder a Jesus de Nazaré" (Atos 10,38). Por isso, se Jesus é chamado Ungido, Cristo, os seus seguidores são chamados também de ungidos, cristãos.*

T. Glória ao Espírito Santo que nos consola em nossas aflições e nos fortalece na missão.

[O grupo comenta sobre o sentido de unção, consagração, missão. Que missão recebemos no Batismo?]

D: *Em força de nossa fé, vamos tomar o propósito de viver como cristãos unidos na Igreja Católica e sempre fazendo o bem, fugindo da corrupção e do pecado.*

[O dirigente pega o óleo e unge os pulsos de cada participante. Recomenda-se cantar ao Espírito Santo.]

D: *Apresentemos nossos pedidos ao Pai, que nos escuta em todas as nossas necessidades.*

[Preces espontâneas.]

D: [Ao final] *Pai nosso...*

D: *O Senhor nos abençoe e nos guarde!*

T: Amém.

D: *O Senhor faça brilhar sobre nós a sua face e nos seja favorável!*

T: Amém.

D: *O Senhor dirija para nós o seu rosto e nos dê a paz!*

T: Amém.

D: *Que o Senhor confirme a obra de nossas mãos, agora e para sempre!*

T: Amém.

D: *Abençoe-nos o Deus todo-poderoso, o Pai e o Filho e o Espírito Santo!*

T: Amém.

D: *Louvado seja nosso Senhor Jesus Cristo!*

GESTO CONCRETO

D: *As atitudes religiosas praticadas em casa são as que mais calam fundo no coração daquele que se desenvolve num clima familiar propício de diálogo, de perdão, de solidariedade, de oração familiar e de participação na comunidade que envolve a criança desde o ventre materno. Ver um pai rezar, uma mãe que convoca a família para a oração, ou, então, o costume da família de participar da* *missa dominical na paróquia e de orar antes das refeições são as recordações que mais incentivam uma criança a desenvolver uma vida de fé.*

Ocorre também que muitos que pedem o Batismo para os filhos deixaram de lado a própria vida de fé (ainda nem receberam os sacramentos da Confirmação ou da Eucaristia). Por isso, recomendamos vivamente que aqueles pais e padrinhos que não completaram a iniciação cristã sejam os primeiros a valorizar o sacramento que pedem para a criança, buscando em sua paróquia o catecumenato de adultos.

4º encontro

A celebração do Batismo

Preparando o ambiente

A família prepara o altar com vela acesa e Bíblia; se o desejar, pode-se expor a roupa branca que a criança vestirá no Batismo.

O catequista providencia água benta.

Oração

L1: *Na celebração do Batismo, após a proclamação do Evangelho, faz-se a oração dos fiéis e a ladainha dos santos. A comunidade invoca a misericórdia de Deus e a ajuda dos santos, consciente da absoluta necessidade da graça de Deus para viver com coerência e perseverança a vida nova do Batismo.*

D: *Supliquemos a misericórdia de Deus por esta criança que será batizada, por sua família, padrinho e madrinha, e por todo o povo de Deus, dizendo:*

T: Lembrai-vos, Senhor!

D: *Desta criança que irá renascer da água e do Espírito,*

T: Lembrai-vos, Senhor!

D: *Desta família e dos padrinhos que assumem o compromisso de ajudar esta criança a crescer na fé,*

T: Lembrai-vos, Senhor!

D: *De nossa comunidade que acolhe esta criança como pedra viva e escolhida de vossa Igreja,*

T: Lembrai-vos, Senhor!

D: *Santa Maria, Mãe de Deus,*

T: Rogai por nós!

D: *São João Batista,*

T: Rogai por nós!

D: *São José,*

T: Rogai por nós!

D: *São Pedro e São Paulo,*

T: Rogai por nós!

D: *Todos os santos e santas de Deus,*

T: Rogai por nós!

D: *Ó Pai, Senhor da vida, enviastes vosso Filho ao mundo para nos libertar da escravidão do pecado e da morte. Lembrai-vos desta criança que deverá enfrentar muitas vezes as tentações do mal. Libertai-a do poder das trevas. Dai-lhe a força de Cristo e a luz do vosso Espírito, para que, livre do pecado original, viva sempre como vosso filho(a) no seguimento de Jesus, que vive e reina para sempre.*

T: Amém.

A celebração do Batismo

D: *Vamos ter presente as quatro partes da celebração: a acolhida; a liturgia da Palavra; a liturgia sacramental; e a despedida (ao redor do altar).*

L1: *A acolhida da criança exprime o seu ingresso na comunidade da Igreja. O celebrante saúda as pessoas e estabelece um diálogo de compromisso com a fé. Em seguida, o celebrante, os pais e os padrinhos traçam o sinal da cruz sobre a fronte de cada criança. A criança já é orientada sobre o que virá a ser: uma pessoa cristã sob o sinal da cruz gloriosa do Senhor; nela que está a salvação, a vida e a ressurreição.*

L2: *A fé vem pela Palavra de Deus. Essa Palavra, com sua presença, assinala que a celebração é um acontecimento, aqui e agora, da salvação de Deus. A Palavra de Deus anuncia aquilo que o sacramento realiza. A proclamação da Palavra é o anúncio da obra de Deus, de sua intervenção, que suscita a fé dos que escutam, a fim de que possam entrar frutuosamente no encontro sacramental com o Senhor. A história da salvação é "hoje".*

T: Jesus foi batizado no rio Jordão por João Batista. Jesus disse a Nicodemos que é preciso nascer de novo pela água e pelo Espírito. E, depois de sua ressurreição, mandou que seus discípulos batizassem em nome do Pai, e do Filho e do Espírito Santo.

L1: *Conclui-se a celebração da Palavra com a oração do exorcismo, pela qual Cristo liberta a criança do espírito do mal e do poder das trevas. A oração é acompanhada pelo gesto de imposição das mãos realizado pelo ministro e pelos pais e padrinhos. Esse gesto, por si só, significa a invocação do Espírito Santo como fortaleza e coragem para abraçar a fé em Cristo.*

L2: *Em seguida unge-se o peito da criança com o óleo, dizendo: "O Cristo Salvador te dê sua força. Que ela penetre em tua vida como este óleo em teu peito". Os antigos lutadores untavam todo o corpo com óleo para fortificar os músculos e para dificultar que os adversários os agarrassem. Semelhantemente, o batizando é ungido no peito, preparando-se para as lutas que deverá travar para ser fiel a Deus e combater o mal.*

T: O Cristo Salvador nos dá a sua força em toda a nossa vida.

L1: *Junto à fonte batismal, o celebrante bendiz a Deus pela água. A oração utiliza as imagens da criação, do dilúvio (cf. Gênesis 1,2.6-10; 1,21-22); da libertação do povo de Deus da escravidão do Egito e da passagem do mar Vermelho (cf. Êxodo 14,15-22). Todas essas imagens anunciam uma realidade e uma verdade somente reveladas em Cristo.*

L2: *Jesus confere novo valor salvador à água: quando desce ao rio Jordão e é batizado por João Batista (cf. Mateus 3,13-17); com Nicodemos, quando afirma que é necessário nascer de novo pela água e pelo Espírito (cf. João 3,1-15); quando oferece a água viva para a samaritana (cf. João 4,1-42); e principalmente no alto da cruz, quando seu coração é transpassado e dele jorram sangue e água (cf. João 19,34).*

T: A oração da bênção invoca o poder do Espírito sobre a fonte batismal, para que a criança participe de todos esses mistérios. Assim, irá sofrer uma morte semelhante à de Cristo, ressuscitar para a vida e receber a graça da imortalidade.

L1: *Depois de os pais e padrinhos renovarem sua fé, a criança é batizada na fé da Igreja.*

L2: *Leitura da Carta de São Paulo aos Romanos 6,3-5 – Fomos batizados em Cristo Jesus.*

[Concluir a leitura dizendo: "Palavra do Senhor".]

T: Graças a Deus.

D: *O banho batismal é uma imersão na morte e ressurreição de Cristo, que nos enxerta para sempre em sua morte e ressurreição. Isto nos leva a morrer para o pecado e a sempre renascer para a vida nova.*

T: A veste branca significa que fomos revestidos da ressurreição de Cristo e somos pessoas novas. A luz que recebemos no Batismo é Cristo, luz do mundo, que ilumina o caminho desta vida.

L1: *A preocupação pela iniciação cristã integral é percebida no gesto de aproximar todos ao redor do altar, levando a vela acesa para rezar o Pai-Nosso. A Eucaristia é a coroação da iniciação. A criança que foi batizada é chamada, em Cristo, a viver plenamente como filha de Deus Pai. Para isso, ela precisa também ser fortalecida pelo Espírito Santo no sacramento da Confirmação e alimentada na Ceia do Senhor.*

[O dirigente pede aos participantes que repitam as frases que mais lhes chamaram a atenção.]

PARTILHA

D: *Durante a celebração, vamos estar atentos ao significado dos gestos e ao que eles implicam em nossa vida, para que não seja uma celebração vazia, apenas exterior. A celebração acontece em clima orante e de fé, não importando o barulho da criança que chora, ou se se deve cuidar dela durante o batizado; é preponderante a atitude de atenção dos pais e padrinhos, de se preocuparem com o essencial: o bem-estar da criança e a interiorização dos gestos.*

O que significa ser padrinho da fé desta criança? Quais as consequências?

No Batismo a criança recebe a luz da fé, mas quando ela vai responder que aceita esta fé?

Qual é o gesto principal da celebração do Batismo? E por quê?

Renovação de nossa resposta de fé ao Batismo

D: *Em nome do Pai... A graça e a paz de Deus, nosso Pai, e de Jesus Cristo, nosso Senhor, e a força do Espírito Santo estejam convosco.*

T: Bendito seja Deus, que nos reuniu no amor de Cristo.

L1: *A fé que as crianças não têm é suprida pela fé dos pais, dos padrinhos e de toda a Igreja. Por isso, imediatamente antes do Batismo, pais e padrinhos, em nome da criança, renunciam ao pecado, proclamam a fé em Cristo e aceitam a obrigação de levar a fé da criança à plena realização pessoal.*

D: *Queridos pais e padrinhos, o amor de Deus vai infundir nestas crianças uma vida nova, nascida da água pelo poder do Espírito Santo. Se vocês estão dispostos a educá-las na fé, renovem agora suas promessas batismais:*

[Coloca-se a vela ao redor da luz.]

D: *Para viver na liberdade dos filhos de Deus, vocês renunciam ao pecado?*

Pais e padrinhos: Renuncio!

D: *Para viver como irmãos, vocês renunciam a tudo o que causa desunião?*

Pais e padrinhos: Renuncio!

D: *Para seguir Jesus Cristo, vocês renunciam ao demônio, autor e princípio do pecado?*

Pais e padrinhos: Renuncio!

D: *Vocês creem em Deus Pai todo-poderoso, criador do céu e da terra?*

Pais e padrinhos: Creio!

D: *Vocês creem em Jesus Cristo, seu único Filho, nosso Senhor, que nasceu da Virgem Maria, padeceu e foi sepultado, ressuscitou dos mortos e subiu ao céu?*

Pais e padrinhos: Creio!

D: *Vocês creem no Espírito Santo, na Santa Igreja Católica, na comunhão dos santos, na remissão dos pecados, na ressurreição dos mortos e na vida eterna?*

Pais e padrinhos: Creio!

D: *Esta é a nossa fé, que da Igreja recebemos e sinceramente professamos, razão de nossa alegria em Cristo, nosso Senhor.*

T: **Demos graças a Deus!**

[Todos fazem o sinal da cruz com a água benta.]

D: *O Senhor nos abençoe e nos guarde!*

T: **Amém.**

D: *O Senhor faça brilhar sobre nós a sua face e nos seja favorável!*

T: **Amém.**

D: *Abençoe-nos o Deus todo-poderoso, o Pai e o Filho e o Espírito Santo!*

T: **Amém.**

D: *Louvado seja nosso Senhor Jesus Cristo!*

GESTO CONCRETO

O catequista apresenta os livros dos quatro evangelhos. Mateus, Marcos e Lucas são chamados evangelhos sinóticos, porque seguem as mesmas fontes, embora escrevam para públicos diferentes. João se propôs a escrever o que eles ainda não tinham relatado. Lucas, por exemplo, descreve a infância de Jesus. Marcos escreve de maneira mais breve. O catequista poderá combinar a leitura de alguns capítulos com o grupo.

Impresso na gráfica da
Pia Sociedade Filhas de São Paulo
Via Raposo Tavares, km 19,145
05577-300 - São Paulo, SP - Brasil - 2018